www.tredition.de

AF185925

Bernd-Peter Liegener

Weihnachtsbaum?

Geschichtchen und Gedichtchen

www.tredition.de

Verlag und Druck: tredition GmbH, Hamburg

ISBN
Paperback: 978-3-7469-8461-2
Hardcover: 978-3-7469-8462-9
e-Book: 978-3-7469-8463-6

Inhaltsverzeichnis

Dieses Büchlein möchte ich der reinen Essenz widmen, dem ersten Beweggrund, dem, was wir alle nicht kennen und worauf doch viele von uns hoffen. Und das tue ich denn auch:

Für Gott

Vorwort

Es ist dieses Bändchen, wenn auch gewissermaßen dem Geburtstagskind gewidmet, kein rechtes Weihnachtsbuch! Manche, ja, die meisten Geschichtchen haben etwas mit diesem Fest zu tun oder sind zumindest winterlich. Immerhin regen die außerweihnachtlichen Kurzerzählungen zum Nachdenken an, und dazu eignet sich ja die Winterzeit bekanntlich bestens. Ganz anderes gilt für die paar Gedichtchen, die eher zum Schmunzeln als zum Denken dienen. Selbst die etwas ruppige Zusammenstellung von zusammenhanglosen und arg verschiedenen Texten verfolgt ein Ziel: Man kann es sich nicht so recht bequem im Lesen machen. Wer alles hintereinander liest, wird es als holperig empfinden. Die fehlenden Übergänge sind wie Bremsschwellen in einer verkehrsberuhigten Zone zu verstehen. Rasen ist nicht erwünscht.

Es weihnachtet

Es war weihnachtlich.
Alles war friedlich und still.

Aber da Es jedes Jahr um diese Zeit weih-nachtlich war, wurde dem kleinen Es langweilig. Und so begann Es dieses Jahr langsam zu schneien- erst nur etwas, ein kleines Bisschen, dann immer mehr und immer weiter. Das machte Spaß! Die kleinen Flocken wirbelten herum, tanzten munter durch die Luft und setzten sich auf Straßen, Autos und Bäume.

Alles wurde weiß. Alles wurde noch friedli-cher und noch stiller.

Da begann das große Alles auch etwas unru-hig zu werden, denn immer wieder zum Jahres-ende friedlich und still zu sein, ist ein Ding, aber noch friedlicher und noch stiller... Also machte sich Alles auf den Weg in die Ge-schäfte, auf die Weihnachtsmärkte, auf zum Skilaufen. Alles fegte Schnee von Autos und

Straßen, die Bäume blieben weiß. Und so war Alles beschäftigt, freute sich und genoss die Weihnachtszeit.

Alles war weiß, glücklich und zufrieden und Es weihnachtete viel vergnügter, als Es das lange Zeit erlebt hatte.

Das große Alles und das kleine Es zwinkerten sich zu, lächelten sich an und gaben einander die Hand- Es war Alles und Alles war Es gut!

Eine durchschnittliche Begebenheit

Ich habe schlechte Laune! Keine Blaustrahlhimmelstimmung, keine Adventsfreude, kein Buddhalächeln. Und zwar einfach, weil ich einkaufen will, soll oder muss, je nachdem, ob ich den Ehealltagshelden herauskehre, den Pantoffelhelden zugebe, oder ob ich mich einfach so und da betrachte, wo und wie ich im Moment bin: auf dem Weg vom kleinen Auto zum großen Laden. Und hier, jetzt, mein Unternehmen zu unterbrechen, umzukehren, nicht zu versuchen, den neuen lupenbewehrten leichtlaufenden Einkaufswagen dieser wirklich unsympathischen Person dort wegzuschnappen, der die alten klapprigen, Karren wohl nicht gut genug für den kurzen Einkauf sind, - einfach zurück zu gehen und zu fahren, vielleicht auch – „Weglaufen statt Einkaufen" - einen kleinen Spaziergang zu unternehmen, nein, das ist nicht möglich. Jedenfalls nicht mit einem vertretbaren Aufwand an motivationaler Energie. Das System und ich sind träge, das einmal programmierte Programm läuft weiter und so tue ich das eben auch. Ob ich den schicken schwarzen Leichtlauftrolley ergattere, weiß ich nicht mehr. Das ist eins von diesen Problemen, die man bekommt, wenn man die Vergangenheit im Präsens schildert.

Aber ich weiß noch, dass ich das Geschäft betrete, an den Blumen im Eingangsbereich vorbeirieche, freundlich den schwarz gewandeten Herrn grüße, der englisch gut lesbar für meine Sicherheit sorgt und schon klingt mir ein süßliches „süßer die Glocken nie klingen" entgegen und ich bin im Einkaufsparadies. Oder, so gering der Unterschied auch scheinen mag, in der Esswarenhölle. Eigentlich wirkt alles ganz harmlos: nett in Regalen arrangierte wohlverpackte Lebensmittel aller Arten, alles, was man braucht und vor allem, was man nicht braucht. Das Richtige für jeden Geschmack und in jeder Menge. In zu großer, in viel zu großer Menge. In geradezu erdrückender Vielfalt. In unglaublich gut sortierter Unübersichtlichkeit. Zunächst gelingt es mir, ein paar Meter mit unbeteiligtem Gesicht meinen Wagen vor mich hin vor mir her zu schieben und so zu tun, als sei mir nicht übel. Kein Kunde erkennt meinen Neid auf Konklienten, die selbstsicher und zielstrebig ihr Wägelchen durch die weiten Gänge steuern, ohne nachzudenken aus den zig Käse- oder Wurstpackerln genau die ihnen am besten schmeckende, fettanteiloptimierte, ökologisch oder ökonomisch unbedenkliche Klein-, Groß-, oder Mittelgroßpackung greifen, das frischeste, saisonal angebrachteste, leckerste und am wenigsten genmanipulierte Obst oder Gemüse packen und - na, Sie wissen schon... sicher waren Sie ja auch schon mal einkaufen. Jedenfalls schaffe ich es normalerweise, sollte ich mich einmal durchgerungen haben, eine Suppe zu kaufen, kaum zu entscheiden, ob es eine Dosen- oder Tütensuppe sein soll. Tütensuppen gibt es heutzutage übrigens neben der klassischen Wasseraufgießkrümelvariante auch schon als Fertigsuppenalternative. Quabbelige Alu- oder Kunstkautschukkissen halt. Und außer dem Suppenwürfel natürlich Suppe im Becher. Aus verschiedenen Herkunftsländern. Die Wahl wäre schon schwer genug, wenn man wüsste, was für eine Suppe man eigentlich kaufen sollte. Und dann gibt´s natürlich noch drei gleichgeschmackliche Gerichte, von denen jedes am besten schmeckt, weil es die besten Zutaten hat, die ganze Familie glücklich macht, das gesündeste ist und natürlich das preiswerteste. Und brauche ich wirklich eine Suppe? Nicht, dass Sie jetzt denken, ich hätte Schwierigkeiten mit Entscheidungen, aber wenn Sie es dennoch dächten, hätten Sie Recht.

Jetzt schlendere ich jedoch noch wie geschrieben scheinbar lässig und unbefangen im Slalom um saisonal geschmückte Schokostände durch diesen Konsumkoloss, diesen monströsen Moloch voller Verheißungen auf fetten Fraß. Ja, und die Vorstellung, all diese Nahrung könne ich in mich hineinstopfen, bewirkt halt diese leichte Übelkeit. Eher nur ein Unwohlsein. Ein Abscheu! Und da soll man einkaufen… Aus den Lautsprechern tönt „fröhliche Weihnacht überall".

Ich denke an den Einkaufszettel in meiner Tasche und fange mit dem leichtesten an. Ganz unten -das weiß ich aus dem Kopf- steht da: Knabbern - Fragezeichen! Nun ist die Auswahl einer geeigneten Knabberei zwar geradezu übergeeignet, mein Entscheidungsdilemma zu veranschaulichen, aber hier gibt es heute einen Trick: Gerade vor ein paar Tagen hatte meine Frau aus eben diesem Geschäft eine Tüte Chips mitgebracht, und diese haben wir, soweit ich mich erinnere, am Abend mit Wohlgefallen verzehrt, und bekommen sind sie uns auch. Mir ist es zwar schleierhaft, wie es zu genau dieser Wahl aus dem überbordenden Überangebot von Knabberspaß gekommen war, doch das ist mir im Moment eigentlich auch egal. Eigentlich bedeutet, dass ich in Wirklichkeit schon gerne wüsste, wie sie das so macht mit der Wahl und Entscheiderei. Aber hier und heute gefällt es mir, zielgerichtet auf die bekannte Packung zuzugehen, sie zu greifen, als wüsste ich genau, dass es die beste aller nur denkbaren Knabbereien sei, mich triumphierend umzusehen, mich wie ein Held zu fühlen, wie der routinierteste aller Einkäufer, wie der König der Welt! Statt der Hintergrundsdudelmusik bilde ich mir ein, ein laut geschmettertes Gloria zu vernehmen.

Und jetzt der Einkaufszettel! Die Hände sind nicht mehr kaltschweißig, sondern nur noch ein wenig klamm und zaubern nach einem kurzen Hosenwisch aus deren Tasche mein gekrickeltes Spickerl hervor.

Brot! Das habe ich vorhin beim Eingang gesehen. Brot und Bröter, Brötchen, Brioches, Brezeln, Backwaren von B bis Z. --- Und da dann das Geräusch. Kein kollektives Rauschen, sondern eher ein „Fitt-tschick", „Fitt-tschick", „Fitt-tschick". Das Fitt-tschick kommt von einem Gerät. Also nichts zum Raten, sondern halt so eine Maschine. Die Maschine schneidet ein Brot und derjenige, der die Maschine bedient ist ein Kunde. Ein Kunde wie ich. Eine Maschine zum Selbstbedienen. Für Kunden. Wie mich. Eine Maschine für mich!

Die Frage, ob Knäcke-, Fladen- oder Schnittbrot hätte mich vielleicht vor ein paar Minuten noch ein paar Minuten Entscheidungsschweiß gekostet. Jetzt jedoch ist Entdeckergeist gefragt! Also ein frisches Brot- das direkt über der Schneidevorrichtung- locker positioniert (ich bin ein guter Beobachter), Knöpfchen gedrückt und es geht los: Fitt-tschick, Fitt-tschick. Das geschnittene Brot (wie gut das riecht!) versenke ich mittels der

Spezialvorrichtung mühelos in einer Papiertüte. Fein! Das macht Spaß! Und apropos fein: wie ich jetzt sehe, kann man die Scheibendicke einstellen, also probiere ich auch mal „grob". Solch grobe Worte stehen natürlich nicht auf der Maschine. Dort stehen nur Zahlen, die ja in Allgemeinen nicht solch ein Potential an Grobheit bieten wie Worte. Also irgendeine hohe Zahl zwischen 13 und 15. Damit müsste man ja eigentlich auch ein Baguette in annehmbare Scheiben schneiden können. Fitt-tschick, Fitt-tschick! Klappt prima. Und wenn man ein Rosinenbrot in ganz feine Scheiben schneidet? Fitt-tschick! Sogar die Trockentrauben werden sauber durchtrennt. Sehen ein wenig albern aus, die dünnen Scheibchen. Würden wohl besser zu einem Brötchen oder dieser Laugenbrezel passen. Fitt-tschick, Fitt-tschick! Und dieses neuseeländische Kartoffelkäsebrot? Fitt-tschick! Und das doppelt gemalzte kaukasische Gerstenbrot? In verschiedenen Stärken? Na, klar! Alles fitt! Was passiert eigentlich, wenn ich dieses geschnittene Kastenbrot um 90 Grad drehe und noch mal aufs Knöpfchen... Fitt-tschick! Etwas schwieriger in die

Tüte zu bekommen, die leckeren Brotstifte. Schade, sonst hätte man ja auch an kleine Würfelchen denken können. Ob die Maschine auch Käse schneidet?

Langsam habe ich bis auf das Marzipanbrot alle Brotsorten durchprobiert oder eher durchschnitten. Für einen durchschnittlichen Einkauf eher etwas viele Kohlenhydrate. Der Einkaufswagen wirkt mit diesem Brotberg auch schon eher gut gefüllt, und ich habe das Gefühl, nicht mehr alleine an der Maschine zu stehen. Da ich ein netter und zuvorkommender Mensch bin, lächle ich meinen Mitkunden freundlich zu und überlasse meinen Platz dem nächsten Schnitter- wahrscheinlich muss er sich erst einmal einarbeiten. Ich steuere meinen elegant rollenden Einkaufskorb (es muss wohl doch einer dieser total tollen, todschicken Neuwagen gewesen sein) schnittig in den hinteren Ladenbereich. Dort lasse ich schweren Herzens und mit „stille Nacht, heimliche Nacht" im Ohr den flotten Raser mit meinem Einkaufschip zurück, und gehe nur mit den Kartoffelchips in der Hand zur Kasse. Die

standen ja schließlich am Ende meiner Ein-
kaufsliste- Ende gut alles gut!

Draußen frage ich mich nur, ob man diese
Kartoffeln nicht auch selbst hätte schneiden
können- Fitt-tschick, Fitt-tschick….

Bitte leise flattern!

Unter dem Dach auf meinem Haus
wohnt so manche Fledermaus.
Heut´ nacht verirrte sich ein Tier
und flederte herein zu mir.

Ich war, wie man´s spätabends macht
gebettet in des Schlummers Nacht.
Doch flatterte zum Schlaferwecken
und zu des Schlaferweckten Schrecken
das Fledervieh herum im Raume-
ausgeträumt der Traum vom Traume!

Die Maus entspricht in Flederform
nicht ganz der „ist die niedlich"- Norm,
und schließlich ist dies Flügeltier
der kleine Vetter vom Vampir.

Im Halbschlaf noch erträumt´ ich mir
die Hilfe durch ein and´res Tier,
und wie es nächtens sollte sein,
schlief ich bald schon wieder ein
auf meiner Träume Weichmatratze
- bewacht durch eine Flederkatze

Gänse

Dann war es also wahr! Immer hatten sie die Erzählungen der alten Callida als Schauermärchen abgetan. Die Gerüchte um die Herkunft der merkwürdigen Gerüche aus dem Haus, immer am Abend nach dem gänslich unerwarteten Verschwinden einer ihrer Freundinnen. Dem Verschwinden von Freundinnen, die sie nie gekannt hatten; aber Gänse sind von Natur aus Freundinnen und selbst die Erzählung vom Verschwinden einer nie gekannten Freundin führte dazu, dass sie ein wenig die Schwanzfedern hängen ließen. Und dann diese gräuslichen Gerüchte von gänsefressenden Menschen! Eine federsträubende Vorstellung.

Schließlich war es die Aufgabe der Menschen, Gänse zu füttern und nicht zu futtern. Andererseits - wer verstand schon die Menschen? Nun, Callida hatte tatsächlich ein bisschen menschisch verstanden, oder wenigstens behauptete sie das. Sie sagte,die Menschen hätten einfach verlernt, einfach zu sprechen und angefangen, ihre Gefühle und Gedanken in sogenannte Worte zu zerlegen. Diese ordneten sie dann nach einem unverständlichen System und äußerten sie in einem wieder zusammenhängenden, jetzt aber unverständlichen Gebrabbel. Dieses Geräuschgemenge musste der Geschnatterpartner dann versuchen, wieder in einzelne Worte zu zerlegen, die Verstrickung des Systems zu entwirren und zu erraten, was damit gemeint war. Keine Gans weiß, wie sie das fertigbrachten.

Aber Callida hatte es fertiggebracht. Irgendwie und wenigstens ein bisschen hatte sie menschisch verstanden - sie war halt alles andere als eine dumme Gans. Und sie hatte berichtet von Erzählungen über das Morden von Gänsen, insbesondere im Herbst und Winter. Von Weihnachtsgänsen im Dezember und Martinsgänsen im November mit apfelgefüllten Bäuchen hatte sie erzählt, die erst halb verbrannt und dann von barbarischen Menschenmonstern verschlungen wurden. Da sträubten sich alle Nackenfedern und manch Gänseschlaf war von kannibalischen Albträumen zerrissen worden. Aber geglaubt - geglaubt hatte gans ihr nie.

Bis zu jenem Tag, als sie plötzlich verschwunden war, und jenem gleichen Abend, als dieser merkwürdige Geruch aus dem Haus gedrungen war. Da fragten sie sich, ob nicht doch etwas Wahres an ihren Horrorgeschichten gewesen war. Ein altes Sprichwort sagte: Eine Gans glaubt erst, dass der Efeu giftig ist, wenn ihre erste Freundin gestorben ist. Nur die fette Stulta verlachte ihre Freundinnen. „So ein Quatsch", sagte sie. „Schaut doch den Menschen ins Gesicht, wenn sie uns füttern. Sie sind so freundlich! Glaubt ihr wirklich, sie könnten uns auch nur eine Feder krümmen?" Dicke Gänse genießen großes Ansehen bei ihren Freundinnen, und so ließen sich alle etwas beruhigen. Vielleicht hatte die alte Callida ihnen ja doch nur Angst machen wollen. Trotzdem wurden sie immer unruhiger, als der November begann. Und als am Martinstag die stolze Stulta plötzlich verschwand mischten sich Unruhe und Neugier zu einer mutigen Tat: Sie flatterten auf das Fensterbrett jenes

Raumes, aus dem damals der sonderbare Geruch gekommen war.

In dicken Büscheln riss die Menschin der toten Stulta die Federn aus dem Leib. Ab und zu schaute sie auf einen weißen Kasten, der eine furchtbare Hitze ausströmte. Dann griff sie ein großes Messer und schlitzte Stulta von Gurgel bis Bürzel auf. Als sie ihr unter grobem Blutgespritze die Eingeweide aus dem Leib riss, hatten die Beobachter genug gesehen.

„Dann ist es also wahr!" schnatterten die Gänse und ließen sich vom Fenstersims auf den Boden gleiten. Ein eisiger Schauer überlief sie und unter dem gesträubten Gefieder bildete sich eine Gänsehaut. „Wir müssen fliehen!" war der baldige Konsens. „Und wie? Im Gänsemarsch, Gänsefüßchen vor Gänsefüßchen? Die Menschen würden uns schnell wieder einfangen. Sie wissen, dass wir nicht fliegen können." Tatsächlich waren sich die Gänse der Tatsache bewusst, dass sie über Generationen etwas degeneriert waren und nie mehr als ein paar Flügelschäge durch die Luft flatterten.

Wenigstens waren sie nicht so degeneriert wie die Menschen, die noch nicht mal ein paar Meter fliegen konnten und - natürlich kein Gefieder - aber noch nicht einmal genügend Fell hatten, um in der Freiheit der Natur zu leben und sich deshalb diese albernen Häuser bauen mussten.

„Die Menschen *denken*, dass wir nicht fliegen können", kakelte Pulchra. „Erinnert ihr euch noch an den Mukki-Ganter?" Die Begegnung war erst ein paar Wochen her, hatte aber einiges im Leben der Gänse geändert. Die graue Wildgans, die auf ihrer Wiese gelandet war, hatte sie tief beeindruckt. Genau genommen war es ein Gänserich, aber das konnte man erst riechen, als er etwas näher gekommen war. Sehen konnte man nur die prächtige Brustmuskulatur, aber die hatten wohl auch weibliche Wildgänse. Er hatte sich nicht vorgestellt, war aber sichtlich beeindruckt von Pulchras weichem weißen Gefieder gewesen. Zeit hatte er nicht gehabt, aber verliebt hatte er sich. Nach kurzem Geschnäbel hatte er gefaucht: „Ich muss jetzt nach Süden (was immer das auch sein sollte), das ist meine Natur. Da warte ich auf dich, und ein paar nette Kumpels für deine Freundinnen gibt´s da auch." Und schon war er mit elegantem Flügelschlag auf den Schwingen des Zugvogels davon gezogen.

Zurück gelassen hatte er eine verliebte Pulchra und einen ganzen Haufen beeindruckter Gänse. Mucki-Ganter hatten sie ihn genannt und sich bemüht, auch so eine mächtige Brustmuskulatur zu entwickeln. Nun ist es schwer, sich vorzustellen, wie ein Dutzend gackernde Gänse auf der Wiese Liegestützen macht - übrigens auf ausgestreckten Flügelspitzen - aber was wissen wir schon von Gänsen? Das Ergebnis war jedenfalls erstaunlich, denn bald wölbten sich Muskelmassen an jeder Gänsebrust. Nur Stulta war nicht zum Trainieren zu bewegen gewesen, aber Stulta war ja nun...

„Ja, die Menschen denken nur, dass wir nicht fliegen können", schnatterten nun alle durcheinander und begannen, heftig mit den Flügeln zu schlagen. „Nur die Menschen denken, dass wir nicht fliegen können!" war zu hören und „und das bei den Muskeln- wäre doch geschnattert!" Etwas tölpelhaft wirkte sie schon, die weiße Federwolke, die sich nun recht mühsam vom Boden hob. Aber bald schon wich die hektische Flatterei gleichmäßigen kräftigen Flügelschlägen und eine wohlformierte Gänseschar machte sich auf den langen Weg nach Süden (wo immer das auch sein mochte). Wir wissen nicht, ob und wann sie wo angekommen sind, es soll aber eine Vielzahl bislang unbekannter grau-weißer Gänseküken gesichtet worden sein, dort im Süden.

Was aber war mit den Menschen? Nun, diese Jahr gab es keine Weihnachtsgans. Statt dessen aß man eine schmackhafte Schweinshaxe. Ein merkwürdiger Duft zog durchs ganze Haus. „Dann ist es also wahr!" grunzten die Ferkel und ließen sich vom Fenstersims auf den Boden gleiten…

Der Weihnachtsjunge

Wie heute jedem ist bekannt,
wird immer älter unser Land.
Doch Geld sitzt lock´rer bei den Jungen,
drum sieht die Werbung sich gezwungen,
gesunde Junge anzusprechen
statt alte Kranke mit Gebrechen.
Denn als Verbraucher sehn wir nur,
was gut ist für die Konjunktur.
Und so- vom Zeitgeist ausbedungen-
schuf man jetzt den Weihnachtsjungen.
Für den Export erfand man schnell
Santa boy und fils noel.
Statt dickem altem Mann mit Bart
kommt nun- dynamisch fit und smart-
ein junger Spund mit den Geschenken.
Er muss auch keinen Schlitten lenken:
sein e-slide ist halb virtuell,
im Cyberspace unglaublich schnell.
Und so scheint mit dem Weihnachtsjungen
das Anti-Aging voll gelungen.

Allein- das Weihnachtsmilchgesicht
erreicht die Konsumenten nicht.
Sie woll´n ein brummiges „ho ho"-
Das lock´re „hi hi" klingt nicht so!
Sie mögen zwar Geschenke haben,
doch nicht von diesem zarten Knaben.
Nun endlich mal zur Weihnachtszeit
Da schätzen sie Gemütlichkeit.
Statt Hektik, Stress und Arbeitsfrust
hat man auf Langsamkeit nun Lust.
Und auf Weisheit, Güte, Liebe,
weil Weihnachten sonst Alltag bliebe.

Nun- so hat man sich besonnen,
den Weihnachtsbub zurückgenommen.
Und hat er sich nicht durchgesetzt,
bleibt etwas übrig doch zuletzt.
Denn was es uns gelehrt, das Kind:
wie wichtig alte Menschen sind.
Im Leben braucht man ab und an
den guten alten Weihnachtsmann!

Eindringling

Das Haus war schon etwas in die Jahre gekommen. Gemütliches Knarren der Treppenstufen füllte die bejahrte Luft mit nostalgischem Charme. Der Stuhl auf dem zweiten Absatz war ihm wolbekannt - wie oft schon hatte er ihn nicht wahrgenommen. Doch jetzt saß sie da - klein, zart und unscheinbar. Er überlegte, ob er sie grüßen sollte, aber zu unerwartet war ihre Gegenwart, zu schnell war er vorbeigeschlichen, zu beruhigend das Gefühl, als er die Wohnungstür hinter sich schloss.

In dieser ersten Nacht schlief er unruhig, doch am müden Morgen konnte er sich nicht mehr an seine Träume erinnern, auch nicht an die Gestalt im Treppenhaus. So verrichtete er die Tätigkeiten, über die man nicht spricht, und nach seinem üblichen Frühstück machte er sich erwartungslos auf den Weg. Bis zum Treppenabsatz, bis zum Stuhl, bis - ja, da saß sie wieder! Mit uninteressiertem Blick in die Ferne des alten Treppenhauses, grau, einfach so. Einen Moment lang spürte er das Blut durch seinen Körper fließen, etwas Warmes, beinahe Kribbelndes, fast wie ein Schreck. Aus Höflichkeit nickte er ihr zu, doch natürlich reagierte sie nicht.

Er wusste nicht mehr, wie viele Wochen der sonderbare Gast nun schon in seinem Treppenhaus gesessen hatte. Gerne hätte er mit seinen Freunden darüber gesprochen, aber irgendwie war ihm das peinlich. Längst hätte er sie ja ansprechen können, sich bei den Nachbarn erkundigen, bei der Hausverwaltung nach ihr fragen. Sie störte ihn, die fremde Frau, aber solange sie dort einfach nur saß… Bald hatte er sich an ihren Anblick gewöhnt, und es fiel ihm nicht einmal auf, dass sie langsam dicker wurde. Neulich, als er Besuch hatte, war die Frage für ihn völlig unerwartet gekommen: „Was macht denn die fette Frau da?"- „Sie sitzt", hatte er geantwortet und schnell das Thema gewechselt. Seitdem hatte er niemanden mehr eingeladen.

Wie überrascht er war, als er eines Tages nach Hause kam und den leeren Stuhl auf dem Treppenabsatz sah! Erleichterung! Befreit schloss er die Wohnungstür auf, hängte den Mantel mit einem „erledigt!" auf den Lippen an den Haken und pantoffelte nach dem Schuhwechsel ins gemütliche Wohnzimmer. Schreck! Dort, in seinem Lieblingssessel mitten in seiner guten Stube saß die dreiste Dame. „Jetzt reicht es!", dachte er. Nein, er schrie es ihr ins steinerne Gesicht, er brüllte sie an, rüttelte an den steifen Schultern, versuchte sie aus dem Sessel zu zerren, ja, war sogar kurz davor sie zu schlagen.

„Ja, die Dame kennen wir", sagte der freundliche Polizeibeamte, der kaum eine halbe Stunde nach seinem Anruf erschienen war. Er war in Begleitung zweier uniformierter Kollegen, und das erweckte tiefes Vertrauen. „Warum haben Sie uns nicht früher gerufen? Aus dem Treppenhaus hätten wir sie leicht hinausbekommen. Aber so - eingewachsen in diesen Sessel mitten in Ihrem Wohnzimmer...

Wir werden sie wohl mitsamt Ihrem Lieblingsmöbel hinaustragen müssen. Hoffentlich kleben ihre Füße nicht am Teppich fest." - „Wenn es sein muss, nehmen Sie den auch noch mit. Hauptsache, ich bin sie los!" - „ Das hoffen wir, aber manchmal... Haben Sie noch andere fremde Personen im Haus bemerkt, Kinder vielleicht?" - „Nein, niemanden. Aber, sagen Sie, wie ist sie überhaupt zu mir herein gekommen?" - „Das wissen wir nicht so genau. Natürlich gibt es Leute, die solchen Menschen durch ihr Verhalten Tor und Tür öffnen, aber bei Ihnen... Sicherheitshalber sollten Sie einmal Ihren Keller und Ihren Dachboden untersuchen. Wir werden Ihnen einen Experten schicken, der Ihnen dabei hilft. Und dann werden wir noch im ganzen Haus Gift auslegen. Das ist zwar nicht sehr gesund für Sie, aber man kann nie wissen..."

Er hatte Glück gehabt. Fünf Jahre später sah seine Wohnung mit dem Ersatzmobiliar zwar immer noch nicht aus wie früher, aber die fremde Frau hatte er nie wieder gesehen. Man hatte ihm bald gesagt, man brauche kein Gift mehr zu streuen, und danach war es ihm besser gegangen. Den Dachboden hatte er etwas entrümpelt und im Keller hatte er eine helle Lampe angebracht. „Hoffentlich", dachte er, „hoffentlich kommt sie nie wieder!"

Lieferschwierigkeiten

Es nannte sich Krisensitzung. So etwas hatte sich seit Jahren, Jahrzehnten, ja Jahrhunderten nicht zugetragen. Streik! Streik bei den Rentieren. Klingt ja auch nicht so, als hätten wir es schon oft in der Zeitung gelesen, oder? Doch jetzt war es Realität geworden, dort im Norden. Im hohen Norden, wo der Weihnachtsmann schon seinen Schlitten mit unendlich hohen Türmen von Geschenken beladen hatte, stand nun Knecht Ruprecht mit ebenso unendlich dummem Gesicht sowie dem Zaumzeug in der Hand vor ihm und zuckte hilflos seine gewaltigen rußgeschwärzten Schultern. Streik! Die beiden standen im Kreis um den ungezogenen Schlitten herum und nannten das Krisensitzung.

Die Argumente der Rentiere lagen auf der Hand und standen auf den von der Tierdemo zurückgebliebenen Schildern und Transparenten:

Weihnachten sei das Fest der Liebe und nicht der Geschenke, stand dort von frechem Huf geschrieben.

Die Adressaten seien übersättigt, verwöhnt und undankbar, schlängelte sich die Unzufriedenheit über ein langes Spruchband.

Und immer wieder: „Weniger GpR!"

Das war natürlich absurd, da niemals jemand ausgerechnet hatte, wieviele Geschenke pro Rentier auf dem Schlitten lagen. Aber wenn Rentiere erst mal angefangen hatten, zu protestieren...

So standen also Knecht und Klaus vor einer Menge fester, einigen flüssigen und vor allem vielen überflüssigen Geschenken und schwiegen sich sprachlos an. Das nannten sie Besprechung. Da hatte Ruprecht, den man für einen eher einfältigen und ideenarmen Prügelhelfer hätte halten können, eine großartige ... Leere im Kopf. Niko, der es einfach nicht fassen konnte, dass etwas anders war, als es immer war und fast immer schon gewesen war, tat das einzige, was ihm in seiner Lösungslosigkeit einfiel. Er fing an zu jammern. Ein intellektuell anspruchsvolles, wohl durchdachtes und vollkommen ziel- und sinnfreies Jammern.

-„Oh weh! Da verlässt man sich auf ein altgedientes Transportmittel samt tierischem Personal, und jetzt gibt´s ausgerechnet zu Weihnachten einen Lieferstop, nur weil die blöden Viecher streiken!"
-„Stimmt", brummte Knecht Ruprecht.
-„Selbst wenn wir beide an einem Strick respektive Geschirr ziehen, schaffen wir es ohne tierische Unterstützung niemals, diesen Geschenkeberg vorwärtszubewegen."
-„Genau", grummelte Knecht Ruprecht.
-„Dabei müsste es doch gar nicht so sein. Andere Geschenkelieferanten haben eine komplett andere Logistik und müssen sich nicht auf die Zuverlässigkeit ihrer Zugtiere verlassen."
-„Eben", murrte Knecht Ruprecht.
-„Denk doch mal an den Osterhasen! Muss der sich etwa Sorgen um seine Rentiere machen?"
-„Hmm", verstand Knecht Ruprecht immer noch nichts.

-„Der Osterhase hüpft einfach mit seinem Körbchen durch die Gegend - hopp, hopp - und schon sind überall Eier versteckt. Der braucht keine Hilfe!"

-„Osterhase, Hilfe" fasste Knecht Ruprecht zusammen.

-„Wie? Oh, Rupi, ja, du bist genial! Genau - wir holen uns Hasi zu Hilfe!"

Und ehe sein Gehilfe sich noch zu einem „Häh?" durchringen hätte können, hatte der Weihnachtsmann auch schon einen Engel losgeschickt.

Engel waren ein ungeheuer praktisches Kommunikationsmedium. Kaum hatte man sie losgeschickt, schon waren sie am Ziel, selbst wenn man gar nicht wusse, wo dieses eigentlich lag. In diesem Fall lag das Ziel, nämlich der Osterhase, gemütlich in einer Schneekuhle des Winterwaldes, knabberte an einer Wintermöhre und ließ sich von der Osterhäsin das Winterfell kraulen.

-„Fürchte dich nicht!", sagte der Engel.

-„Warum sollte ich mich fürchten?", fragte der Osterhase, der ja nun wirklich nicht zum ersten Mal einen Engel sah. Übrigens sah der auch keineswegs furchterregend aus.

-„Ach so, ja, äh, alte Gewohnheit. Sagt man so", stammelte der Engel und verplapperte wertvolle Geschenkelieferzeit.

-„Also, was gibt es?", fragte der Hase, dem schwante, dass der Rentierstreik etwas mit diesem Besuch zu tun hatte. Den langen Ohren des Osterhasen blieb nämlich nur selten etwas verborgen. Am liebsten hörte er Unerhörtes.

Schnell war er informiert und schnell war er beim Weihnachtsmann, den er schnell beruhigen konnte. Hasen sind schnelle und Osterhasen sehr schnelle Tiere. Selten hatte man einen erleichterteren Weihnachtsmann gesehen!

-„Aber schön unter den Baum legen und nicht verstecken", steckte er ihm noch aufatmend, während er die letzten Geschenke gemächlich ins magische Körbchen steckte. „Am besten gelangst du durch den Kamin in die Wohnzimmer." Warum das auch bei zentralbeheizten Wohnungen funktionierte, war ihm selbst immer ein Geheimnis geblieben.

„Ho, h...", wollte er noch zum Abschied sagen, aber da war das flinke Häschen auch schon - hoppel di doppel - mit einem dreifachen Haken in Richtung Süden und Schornsteine verschwunden.

-„Vielleicht", sagte sich der Osterhase, als er in Rekordzeit alle Päckchen verteilt hatte, „hätte ich doch ein paar Haken weniger schlagen sollen". Denn leider waren noch einige unbelieferte Kamine übrig, aber eben keine Geschenke mehr, was den Schluss zuließ, dass jetzt irgendwo im tiefen Schnee des hohen Nordens gut versteckte Weihnachtsgeschenke lagen, die aus seinem Körbchen gehüpft waren. Verstecken lag ihm eben doch eher im Blut, als das blöde Baumgelege. Glücklicherweise ist aber ein Osterhase sehr schnell im Denken (hatten wir das schon erwähnt?) und ebenso glücklicherweise ist ein magisches Osterhasenkörbchen niemals leer.

So kann es kommen, dass dieses Jahr das ein oder andere Geschenk ein wenig an ein Osterei erinnert. Aber schließlich sind wir ja nicht wirklich verwöhnt, oder? Und mal ehrlich: was gibt es Schöneres als ein leckeres frühlingsfrisches Weihnachtsei?

Volleyweihnacht

Als Weihnachten in der Stube das Licht
ausging
und der Schnee vor den Fenstern zu rieseln
anfing,
als das Kind in der Krippe eingeschlafen war
und fast auch die Schäflein, ja Maria sogar,
sprach Joseph zu allen: „Auf jeden Fall
spiel´ ich heute Abend noch Volleyball!"

Und greift, da er beim Bunten Teller steht
eine Marzipankartoffel als Spielgerät.
Das Räuchermännchen- der phantasielose
Wicht- spricht:
„Nette Idee, nur´n Netz ha´m wa nicht!"
Und weil sich´s drauf reimt, da fügt er
hinzu:
„Und Licht (hüstel, hust) braucht man auch
dazu."

Darauf Maria, erwacht vom Dösen:
„Das Lichtproblemchen läßt sich lösen:

Wie bei deinen Räucherkegeln
lässt sich das per Streichholz regeln.
Mit Christbaumkerzen- halt mit vielen-
kann man wie im Flutlicht spielen."
Weil aber´s Räuchermännchen nur nörgeln
kann,
fing es wieder zu hüsteln an:
„Doch für das Netz- und Hauptproblem
kann ich keine Lösung seh´n!"

Da war nun keinem mehr zum Lachen!
Was in der Heil´gen Nacht nun machen?
Ein Netz war zweifelsfrei ein Muss-
wahrhaftig eine harte Nuss!
Wie günstig wenn als Spezialist
ein Nussknacker zugegen ist!
Der grinste breit mit weißen Zähnen
Und rief: „Ihr müsst Lametta nehmen!

Ein paar Knoten, ein paar Schlaufen,
fangt schon mal an, euch warmzulaufen!
Hier macht ihr´s fest am Christbaumast,
das Krippendach wird zweiter Mast."
Schon pritscht sich ein, was pritschen kann,
Maria baggern alle an.

Gespielt wird Beach auf Heu und Stroh,
die Hirten kennen das nur so.

Und die Könige?- „Entschuldigung!
Wir sind doch hier zur Huldigung,
drum woll´n wir, statt zu spielen, jubeln
als Cheerleader - mit Christbaumkugeln."
Worauf zuletzt der Esel spricht:
„Ich bin - wie immer - Schiedsgericht!"

Patient

Einfach so hin war er gefallen. Wie und warum es passiert war, hätte und hatte er später nicht sagen können. Nette Gesichter waren es gewesen, die sich zu ihm herabgebeugt hatten. Nette, viel zu viele freundliche Gesichter mit vielen freundlichen Fragen. Besorgt hatten sie geklungen und vielleicht etwas verwirrt. Überhaupt war es ein freundlicher, verwirrter Frühlingsvormittag. Nicht lange hatte es gedauert, bis er das Blaulicht gehört hatte. Erst gehört und dann gesehen in seinem aufgeregten, kalten Flackern. Ein Schauer überlief ihn und er spürte die Gänsehaut unter seinem grau-gepflegten Anzug. Das ging ihm jedes Mal so, wenn er die Sirenen von Feuerwehr, Krankenwagen oder auch nur Polizei hörte. Aber diesmal... Er schwitzte in der kalten Sonne.

Auch freundlich, aber eher freundlich ruppig waren die Fragen der Rettunssanitäter. Und zu viel. Und unsinnig! „Wie heißt der Bundeskanzler?" Und angefasst hatte sie ihn, die

hübsch-herbe Dame mit dem blonden Pferde-
schwanz. Überall abgetastet, auch dort, wo es
sich für junge Damen nicht ziemte, einen seri-
ösen Herren zu begrapschen. Zusammenge-
zuckt war er und das Gesicht hatte er verzo-
gen. „Hüfte!" hatte sie gesagt, und dann war er
auch schon auf eine Trage gehoben und in den
Rettungswagen geschoben worden. Das Ja-
ckett hatten sie ihm vorsichtig ausgezogen
und nun lag eine Blutdruckmanschette um sei-
nen linken Oberarm. Rechts klemmte ein klei-
nes piepsendes Gerät am Zeigefinger und aus
einem durchsichtigen Plastikbeutel tröpfelte
Kälte durch einen fast blasenfreien Gummi-
schlauch in seinen Unterarm. Wann man die
Nadel in seine Vene gestochen hatte, hätte er
nicht sagen können. Vermutlich war das der
Moment gewesen, in dem er vom Menschen
zum Patienten geworden war. Es ruckelte, es
sirente und etwas hatte er weinen müssen.

Im Krankenhaus herrschte hektische Be-
triebsamkeit und rastlose Unruhe. Die Ret-
tungssanitäterin hatte mit der Schwester ge-
redet und ihr ein bekrickeltes Formular über-
reicht, die gelbe Durchschrift war auf dem

Klemmbrett geblieben. „Alles Gute!" hatte die Dame mit dem Pferdeschwanz gesagt, und „Wir kümmern uns gleich um sie" die Schwester mit den wilden Locken. Warum waren sie alle blond? Nun lag er auf einer Rollliege, er stand im Flur, und weiter passierte nichts. Außer, dass immer wieder weiße Kittel und blaue, kurzärmelige Leinenhemden, die er eigentlich für OP-Kleidung gehalten hätte mit schnellen Schritten und ernsten Gesichtern an ihm vorbeieilten. Und dass er dringend auf die Toilette musste. Das war ihm peinlich und sein zögerliches Zeigefingerheben wurde mit einem „ja, gleich" zur Kenntnis genommen. Mehrfach. Und er musste. Erst als er sich aufgesetzt hatte, kam ein Pfleger auf ihn zugesprungen. „Sie dürfen nicht aufstehen!" hatte er entsetzt gerufen. Er musste, aber durfte nicht. „Ich hole Ihnen eine Ente", sagte der verständnisvolle junge Mann, nachdem er das Bedürfnis verstanden hatte. Eine Ente, eine Decke, eine offene Hose, mitten auf dem Flur, Menschen, Frauen. Natürlich schaute niemand ihn an, aber es würde Geräusche geben. Tröpfeln, Murmeln, Plätschern, Rauschen. Seine

Augen schlossen sich, seine Harnröhre ebenso. Er musste, aber konnte nicht.

Dann endlich der Arzt. Untersuchung, Fragen -„ja, ich kenne die Bundeskanzlerin"-, Röntgen und noch einmal ein Gespräch - „natürlich können Sie auf die Toilette gehen". Zwischen einem „wir würden Sie gerne zur Beobachtung hier behalten" und dem „lassen Sie aber unbedingt die Sturzursache durch Ihren Hausarzt abklären" lag nur eine Unterschrift, dass er sich gegen ärtzlichen Rat entlassen ließ. Dann zog er sein Jackett und seine Würde wieder an. Noch etwas benommen lächelte er auf dem Flur einer entmenschten Dame freundlich zu, und schon war er draußen. Das Wetter war jetzt nicht mehr so sonnig und tiefe Wolken machten sich bereit zu nieseln, aber solch einen freien Nachmittag hatte er seit Jahren nicht erlebt.

Oben

Er hätte das Buch nicht lesen sollen! Unruhig und unentschlossen zupfte er an den Wurzeln eines Apfelbaumes, die von der Decke herabhingen. So dicht war er also schon an der Oberfläche. Hier durfte er nicht sein, denn für die Injektion des Erkenntnisserums waren ausschließlich voll ausgebildete Engel zuständig. Das erste Mal, damals zwischen Euphrat und Tigris, soll es sogar der Chef selber gemacht haben. Luzifer, der Lichtbringer. Gedankt haben sie es ihm nicht, die Menschen, und doch - immer wieder! Er konnte sich noch düster an die Newton - Geschichte erinnern, dem so ein erkenntnisschwerer Apfel auf den Kopf gefallen war. Die ganze Hölle hatte gelacht! Ein gutmütig-fröhliches Lachen war das gewesen, nicht dieses schadenfrohe Gekichere, was man immer wieder zur Weihnachtszeit hörte.

Er hatte sich gewundert, warum man lachen konnte, wenn dort oben alle Welt die Geburt des Anti-Satan feierte. „Wer denkt denn heute noch an diesen Salbenbengel? Weihnachten ist heutzutage ein Fest des Konsums. Konsum verdirbt die Menschen, das ist toll!"- „Man schenkt gewaltverherrlichende Computerspiele und Filme!"-„Denk an das Fernsehen: alle sind reich schön und berühmt."-„Und die Werbung: Luxus, immer ausgefallenere Erlebnisse, pralles Leben bis zum Platzen."-„Das ganze Unwertesystem. Die Menschen glauben daran und leben sich aus. Und hinterher…" Frohlockend rieben sich höllische Heerscharen die Hände. Aber das waren diese fiesen Teufel, die sich an nichts freuen konnten, als am Quälen von verlorenen Seelen. Er selber arbeitete lieber in der Unschuldsmine. Dort schürften die von der Obrigkeit verbannten gottungefällligen guten Seelen nach Weisheit für das Erkenntnisserum. Dort hatte er auch das Buch bekommen.

Zum Himmel mit dem Buch! So viel hatte er gelesen, so viel hatte er gelernt und so neugierig war er geworden. Und jetzt saß er hier kurz unter dem Licht und fürchtete sich vor da oben. Drei Tage hatte er gegraben. Christstollen hatte er seinen Tunnel genannt. Was man benennen kann, macht einem weniger Angst. „Also dann!" sagte er sich und rammte seine Teufelsgabel mit einem letzten Hieb durch die verbliebenen dreißig Meter der Erdkruste.

Die Kinder staunten nicht schlecht, als sie den Jungen mit der rotbraunen Haut aus dem Loch im Fußboden klettern sahen. Und waren das etwa Hörner dort unter dem struppigen, schwarzen Zottelhaar? „Wer bist du?" fragten sie neugierig, denn vor einem guten Teufel hat man keine Angst. „Fürchte dich nicht!" war etwas für die Engel von oben. Er schaute sie mit seinen großen Nachttieraugen an und sagte nichts. Die Augen sagten alles. „Da, schau!" sagte das Mädchen nach einer ausgiebigen Blickkonversation und zeigte auf den Weihnachtsbaum. Der Kerzenschimmer lag auf ih-

rer zarten Haut und in ihren Pupillen flacker-
ten sanft kleine Flämmchen. Unter dem Baum
stand eine Krippe und in der Krippe lag der
neugeborene Jesus. Und lächelte. „Darf ich ihn
mitnehmen?" fragte der kleine Teufel. „Wenn
er mag...", zuckte der Junge mit dem warmen
Weihnachtslächeln mit den Schultern.

Als sich der Boden über dem Höllenengel
wieder geschlossen hatte, fehlte das Kind in
der Krippe. Dafür lag ein Buch unter dem
Baum. „So ein Besuch ist viel schöner als die
ganzen Geschenke", freuten sich die Kinder.
Und dann lachten sie sich an: „Was die beiden
sich da unten jetzt wohl zu erzählen haben?"

Heiligabend bei einer Lehrerfamilie

Ein Erfahrungsbericht
des Weihnachtsmannes

Zur späten, späten Stunde...

„Papa", fragte der Sohn, „warum heißt Weihnachten eigentlich Weihnachten?"

„Nun..." brummte der Vater und senkte sein wohl von der Kerzenwärme leicht gerötetes Riechorgan bedächtig in einen Pokal, gefüllt mit alkoholischem Heißgetränk von ungefähr der gleichen Farbe. „Weinnachten- ich glaube Weinnachten, das kommt von..."

„Weihnachten ist immer so besinnlich!" seufzte die Mutter und schneuzte sich in ein großes Weihnachtsmann-, Weihnachtsbaum- und Weihnachtsbaumkerzen-besticktes Taschentuch, das sie als Gemeinschaftsgeschenk der gesamten Familie zum Fest bekommen hatte, während sie den Tränen ihrer Rührung freien Lauf über ihre zarten Wangen ließ.

„Ja", äußerte sich der Vater weiter in kristallklarer Schärfe von Verstand und Worten,

„wenn ich´s mir recht überlege kommt Wein-nachten vielleicht wohl eigentlich wahrschein-lich eher doch von..."

„Darf man denn nicht auch am Tag Weih-nachten feiern?", fragte die Tochter, die mit ihrer schnellen Auffassungsgabe und präzisem Gefühl für Wortunschärfen sofort den Schwachpunkt auch des stärksten Wortes aufzuspüren vermochte.

„Eigentlich nur im Frühjahr und Herbst: zur Zeit der Tag- und Nachtgleiche!", vermutete die Oma, denn sie war aufgrund der fortge-schrittenen Tageszeit schon etwas umnach-tet.

„So ein Unsinn!", meinte die Tochter.

„So ein Blödsinn!", meinte der Sohn.

„Weihnachten ist immer so besinnlich!", seufzte die Mutter wieder.

„Am Nordpol ist im Winter sowieso immer nur Nacht", bemerkte der Sohn, nicht nur in Folge seiner stetigen Aufmerksamkeit im Geographieunterricht, sondern auch mittels einer ungekannten Transferleistung, die jeden Lehrer vor Freude hätte hüpfen lassen.

Mutter und Vater hüpften.

„Dann müsste ja der Weihnachtsstern der Polarstern sein, der aber ein Fixstern ist, ergo nicht nach Bethlehem hätte wandern können, was die Hypothese ad absurdum führt, quod erat demonstrandum", dozierte der Onkel, und nippte das zweite Mal an diesem Abend von seinem Glas Wasser.

„Weihnachtssterne bekommen auch im nächsten Jahr wieder rote Blätter, wenn man sie im Keller übersommern lässt", bemerkte die Oma, die stets etwas Passendes zum Gespräch beizutragen hatte.

„Wahrscheinlich ist Weihnachten auch ein Fixwort", äußerte der Sohn in einer weiteren Transferleistung. – Die Eltern hüpften.

„Das Christuskind wurde in der Nacht geboren und am nächsten Morgen hatte einfach keiner Lust, Weihmorgen zu sagen und dann

Weihtag und Weihabend. Ab 22 Uhr wär´s ja sowieso wieder beim Alten gewesen."

Und die Tochter: „Die Ostfriesen sagen ja auch den ganzen Tag über Moin, Moin!"

„Christus war ein Ostfriese?", fragte der Sohn, dem der Transfer diesmal nicht ausnehmend gut gelungen war.

„Warum wissen die Ostfriesen nicht, woher das Wort Weihnachten kommt?", fragte die Oma, die dem Gespräch zwar nicht mehr ganz folgen konnte, aber immer den Blick fürs Wesentliche behielt.

„Weil es dort keine Lehrerfamilie gibt!", murmelte schaudernd der Weihnachtsmann.

Besuch

Ein gekonnter eisiger Luftzug wehte durch das geschlossene Fenster des ehrwürdigen Studierzimmers. Langsam drehte sich der Gelehrte um. Sehr langsam, denn nur unter schmerzhaftem Knarzen fügten sich die Wirbel der Rotationsbewegung. Ein Drehstuhl wäre nicht schlecht gewesen, doch für diese Anschaffung war es nun wohl zu spät. Er stützte sich kräftig auf die Armlehnen seines Bürosessels und rutschte die letzen Winkelgrade auf der Sitzfläche. Dann schaute er ihm ins bleiche Knochengesicht. DU KANNST MICH SEHEN? schreckwunderte sich der Tod. „Ich bin alt", sagte der Alte. UND WOHER...? „Ich weiß viel", sagte der Weise. Und dann: „Du bist jung!" Die Art des tödlichen Schweigens ersetzte einen fragenden Gesichtsausdruck. „Die Knochennähte an deinem Schädel. Man erkennt es am Grad der Verknöcherung der Schädelnähte." ABER WIE...? Drei Skelettfinger schoben sich mit leicht hohlem Klacken unter die weite dunkle Kapuze. „Ich sehe viel", sagte der fast Blinde. AH...

Und nach kurzer Pause: JA, ES IST MEIN ERSTER EINSATZ. DER GEVATTER MEINTE, ES SEI NICHT SCHWER. DU SEIST ALT UND WÜRDEST DICH NICHT WEHREN. NICHT, DASS ICH NICHT... Die Sense hob sich langsam um einige Zentimeter. Ein Lehrling! Früher, zu ehrgeizigen Zeiten, hätte sich der nun alte Junge vielleicht ein wenig gekränkt gefühlt. Jetzt hoben sich kaum sichtbar die Mundwinkel und die Lachfältchen vertieften sich. „Du machst das gut!" Ein Todesengellächeln schwebte unsichtbar durch die staubige Stube. ICH GLAUBE, ICH KÖNNTE VIEL VON DIR LERNEN, sagte der Tod mit der Weisheit der Jugend. DU MÜSSTEST ALLERDINGS... Leere Augenhöhlen richteten sich auf die letzten herabfallenden Sandkörner in seinem Stundenglas. „Ich weiß", nickte der alte Mann, „meine innere Uhr sagt dasselbe." Und während ein lebloser Körper über dem Schreibtisch zusammensackte, verließen die beiden Arm in Arm das Studierzimmer.

Der Schneeball

„Ein Schneeball", erklärte der erfahrene Kämpe, der furchtlose Streiter in zahllosen Schneeballschlachten, „ein Schneeball ist nicht das Gleiche wie ein Schneeball!

Schiebst du hastig zwei Handvoll Schnee zusammen, gibst einen unentschlossenen Druck- womöglich noch mit Wollhandschuhen- so hast du ein fluffig-weiches schlecht ge-formtes Gebilde, das man kaum Schneeball nennen kann. Schleuderst du dieses lockere unrunde Etwas in Richtung des Gegners, so zerstiebt es in der Luft, verliert sich auf dem Weg in einer weißen Wolke und erreicht gar nichts.

Wenn du den Schnee aber - man macht das am besten übrigens ohne Handschuhe- etwas länger formst und knetest, bilden sich zu-nächst ein paar Ecken und Kanten aus, aber die Oberfläche wird härter. So ein Schneeball übersteht mühelos den Flug bis zur gegneri-schen Linie. Erreicht er dann sein Ziel, zer-platzt er und hüllt alles in weichen weißen

Schnee. So etwas ist lustig und sieht schön aus, aber es tut nicht weh. Das ist ein gewöhnlicher Schneeball.

Aber erst, wenn du ihn noch länger knetest, ihn glättest, vielleicht auch streichelst und seine Zacken wegpolierst, dabei immer wieder kräftig drückst und presst, erst dann wird er langsam kleiner und härter- und immer härter. Hart bis in den Kern. So ein Schneeball", sagte er, „so ein Schneeball fliegt weit, fliegt schnell. Er trifft besser den Gegner und er tut richtig weh. Das ist ein Profi-Schneeball!"

„Also ich", sagte der kleinere Junge, „ich wäre am liebsten ein gewöhnlicher Schneeball..."

Olympische Weihnacht

Der Heilige Abend war langsam zur Heiligen Nacht geworden, und Ganymed schenkte noch etwas Glühwein nach. Die Sitten hatten sich geändert in jener unbekannten Gipfelregion des Olymp, die man nur durch ein für die Sterblichen auf ewig unpassierbares Wolkentor erreichen konnte.

Traditionell tranken die Götter nur Nektar, vielleicht abgesehen von Dionysus, aber der war ja auch kein echter Olympier. Aber –mal ehrlich- heißer Nektar schmeckt einfach erbärmlich und schließlich galt das Feiern des Weihnachtsfestes bei den alten Göttern ja auch nicht gerade als traditionell.

„Ach, was ist das ewige Leben der Unsterblichen hier in unserer trauten Familie doch unendlich schön, meine geliebte Hera", log Zeus, und dachte, während der Blick aus seinen Augenwinkeln auf Aphrodites schlankem Schenkel ruhte, an durchaus irdische und außerfamiliäre Abenteuer.

„Deine Gattin heißt jetzt Juno!" warf Eris, die Tochter der Nacht und Göttin der Zwietracht in die Runde, da sie genau wusste, dass die kürzlich stattgehabte latinisierende Namensreform durchaus genug Zündstoff für einen netten ungemütlichen Abend bot. Erstaunlich genug, dass man noch Christus sagen durfte- warum hatte noch niemand den Namen Christos, der Gesalbte ins Lateinische übersetzt?

„Genau! - Juno!", sprang Ares, der kriegerische Geliebte der Aphrodite auch sofort an. „Juno, wie die Zigarettenmarke. Wusstet ihr, dass der erste Werbespruch damals hieß: JUNO-dick und rund?"

Aus Heras Augen schossen Blitze, die sie während seiner letzten Eskapade aus der Nachttischschublade ihres Göttergatten Zeus gemopst hatte.

Die schnellere Antwort hatte aber natürlich wieder einmal Apollon parat, der die Sehne seines Bogens ebenso flink und geschickt schnellen lassen konnte wie die Saiten seiner

Lyra. Als dem Gott der Dichtkunst fehlte es ihm nie an einem passenden Libretto:

„Na, mein lieber Ares- „Mars bringt verbrauchte Energie zurück" klingt für mich auch eher nach Recycling-Unternehmen, als nach Kampf und Schlachtgetöse."

Das Gesicht des Kriegsgottes nahm die Farbe des nach ihm benannten Planeten an.

„Aber lass nur", wiegelte Apollon ab, „wir alle freuen uns nicht gerade über diese Umbenennung. Ich, zum Beispiel, werde immer kürzer. Aus Apollon wurde Apollo- manche Leute nannten mich schon Fielmann- und heute heißt´s nur noch Apoll- na toll!"

Schon glätteten sich die Wogen des wallenden Gesprächs, ohne dass Poseidon seinen Dreizack beruhigend über die tosende Flut der Worte hätte legen müssen.

Und Artemis half ihrem Bruder, die weihnachtliche Stimmung wieder herzustellen, indem sie die Aufmerksamkeit auf den in dicken Flocken fallenden Schnee lenkte: „Für mich gehört zu einer gemütlichen Heiligen Nacht immer frischer, leise rieselnder Schnee und die eine oder andere Nuss zum Knacken und Knabbern und Kauen."

Tatsächlich sprach sie natürlich ein modernes elegantes Latein, eine kurze, knappe, klare Sprache. Also sagte sie in etwa: „sacra nox mit nix und nux!"

Eris- genau genommen hieß sie jetzt ja Discordia, die Zwietracht- wurde alles viel zu friedlich. „Und du, blöder Amor, hockst da oben auf dem Weihnachtsbaum mit deinen lächerlichen Flügelchen und spielst den Weihnachtsengel!"

Erbost und in Ermangelung eines menschlichen Herzens als Ziel schoss der Sohn der Liebesgöttin einen gar nicht so liebevollen Pfeil auf den Götterboten ab: „Wenn meine Flügel lächerlich sind, wie, bitte nennst du dann diese albernen Knöchelschwingen, die Hermes sich an seine Füße schnürt?"

„Mercur, nicht Hermes", geiferte Eris- Discordia, „das ist der Planet, der so nah um die Sonne kreist, dass es ihm das Hirn verbrennt!"

„Wenn hier einer hirnverbrannt ist", erwiderte der Schutzgott der Händler und sonstigen Diebe, „dann ja wohl Hephaistos, seit er Vulcan heißt. Alle Leute meinen, er spucke ständig Feuer und Rauch. Neulich ist er in ein Restaurant gehinkt und wurde sofort in der Raucherinsel platziert- draußen im Garten bei Schnee und Eis!"

„Ein bisschen Kälte", meinte Hades mit eisiger Stimme, „finde ich gar nicht so verkehrt..."

„Ha! Und du, ...Pluto?" rief Hephaistos, der nun tatsächlich anfing zu sprühen, wie ein Vulkan, „ein Gott der Unterwelt, der heißt wie der Hund von Micky Maus? Das, das nenne ich lächerlich!"

„Ja, ja", sprach in ruhigem Tonfall die weise Athena, „wenn die Menschen Angst vor etwas haben, machen sie es lächerlich, oder schieben es weit weg. Deshalb ist Pluto auch der äußerste Planet unseres Sonnensystems."

„War!", bemerkte der neunmalkluge Amor, der inzwischen von der Baumspitze herabgeschwebt war. „Inzwischen hat man ihm sogar den Planetenstatus aberkannt."

Hestia, stets besorgt um Gemütlichkeit und den wohlbestellten häuslichen Herd, hatte inzwischen längst die leere Christbaumspitze bemerkt. „Zeus, könnte nicht vielleicht dein Adler…?"

„Nein", säuselte Venus, „ das ist zu düster. Sollten wir nicht lieber einen Morgenstern auf die Spitze setzen? Das ist ein christliches Symbol und im Übrigen", bemerkte sie kokett, während es ihrem verliebten Gemahl Hephaistos die Tränen der Rührung in die Augen trieb, die das vulkanische Glühen zum Erlöschen brachten, „nennt man auch mich gelegentlich den Morgenstern…"

„Morgenstern!", jubelte Ares, „ja, damit kann ich was anfangen!"

„Aber, aber", mischte sich Apollon, Apollo, Apoll oder einfach Phöbus, der Erleuchtete ein. „Wusstet ihr nicht, dass man den Morgenstern auch Phosphoros, den Lichtbringer und jetzt auf Latein eben Lucifer nennt? Das passt nun wirklich nicht zu einem christlichen Fest!"

Inzwischen aber erübrigte sich die Frage, denn um die Spitze des Baumes hatte sich ein warmes, weiches und unglaublich ergreifendes Licht ausgebreitet. Die Krippe stand nicht mehr leer, und alle fühlten Freude, Liebe und Frieden.

Ein zufrieden schmunzelndes Lächeln legte sich auf das Gesicht des neugeborenen Christus.

„Der heißt jetzt Unctus!" dachte Eris, aber selbst der personifizierten Zwietracht war in diesem Moment nicht mehr nach Streiten zu Mute.

Osternächtliches Erlebnis

Zu Ostern kommt, das wissen wir,
ein langbeohrtes Nagetier;
legt bunte Eier ins Versteck
und hoppelt grinsend wieder weg.

Solch osternächtliches Geschehen
dacht´ ich, sollt´ ich mal life ansehen
und beschloss zwecks Hasensicht
gestern einen Schlafverzicht.

Neugier macht das Wachen leicht,
bis Langeweile dich erreicht.
Müde in der tiefsten Nacht
kämpfte ich mit Sandmanns Macht.

Vielleicht würd´ ich ja nichts versäumen,
sollt´ ich nur zwei Sekunden träumen...
Doch kaum ließ ich den Lidschluss zu,
hört´ ich ein schüchternes Huhu!

Mit leise kauzigem Geheule
flog ins Zimmer eine Eule,

und mit österlichem Schrei
legt´ sie ins Osternest ein Ei.

Zu meiner Neugier großem Kummer
fiel ich darauf in tiefen Schlummer.
Doch hat mir diese Osternacht
ein herrliches Geschenk gebracht:

Wie schlecht war früher mein Gewissen,
als wir in Osterhasen bissen.
Der, der die Eier uns beschert,
wurd´ nun symbolisch selbst verzehrt.

Heute beiß´ ich, wie´s sein muss
voll österlichem Hochgenuss
in des Schokohasen Keule -
es ist ja keine Ostereule!

Nachwuchs

Sie hatten nie ein Geheimnis aus ihrer Beziehung gemacht. Natürlich sah man sie nie zusammen. Das lag aber nur an ihren Arbeitszeiten. Die Auferstehung war immer zwei Tage nach dem Tod bei den Menschen. Das klingt nicht nach viel Arbeit, aber wenn man sich die Zahl der Aufträge vor Augen führt, kann man sich vorstellen, dass die beiden trotz allgegenwartsähnlichen Fähigkeiten kaum mal zu einem gemütlichen Familienleben kamen. Doch Zeitmangel hin und Stress her - die Liebe lässt sich nicht aufhalten! Und so kam es, dass neun Monate, neun Jahre oder neun Sekunden nach ihrem letzten Treffen - bei zeitlosen Wesen lässt sich so etwas schwer sagen - Freund Hein und seine Todesgefährtin stolz und glücklich auf den quäkenden Nachwuchs herablächelten. „Es sieht dir so ähnlich, wir werden es nach dir benennen!" frohlockte die Auferstehung.

Das Tödchen hatte eine lebendige Kindheit. In geborgener Unruhe begleitete es seine Eltern wechselweise oder auch zugleich bei der Arbeit. Manchmal war ein Mensch etwas irritiert, wenn unter der schwarzen Kapuze des kleinen Wesens auf dem Todesarm ein warmes Licht hervorschimmerte. In Begleitung der Auferstehung blieb das Kind völlig unbemerkt. Bei all dem Licht waren die Menschen so geblendet, dass sie noch nicht einmal von der Auferstehung selbst ein klares Bild hatten. Das Tödchen lernte, das gleißend strahlende Licht der Auferstehung zu kontrollieren und die hohle Stimme des Todes kalt durch die Dunkelheit ziehen zu lassen. Voller Glück bereitete es sich auf die Nachfolge vor. Die Nachfolge - ja, wessen Nachfolge eigentlich? Diese Frage hing unausgesprochen zwischen Eltern und Kind, ohne dass es je jemandem bewusst geworden wäre. Bis...

Eines Abends bei der Skelettpflege ihres Kindes fiel der Mutter etwas auf: Die Beckenknochen waren erstaunlich ausladend geworden. „Wir haben eine Tochter!" jubilierte die

Auferstehung. Und nachdem der Gevatter begriffen hatte, was er gehört hatte freute er sich mit Grabesstimme: „Sie wird sich wohl ab jetzt Tödin nennen." Aber würden sich die Menschen daran gewöhnen? Die nachfolgende Diskussion schlängelte sich an der Grenzlinie zwischen Diesseits und Jenseits entlang und ist deshalb für uns Sterbliche kaum nachvollziehbar. Es sei daher nur kurz erwähnt, dass es um gender-correctness ging, die so viele Sprachänderungen hervorgebracht hatte, dass ältere Menschen nur noch unkorrekt sprachen, dass die über Jahrtausende unflexible Menschheit sich in einer tsunamiartigen Welle von Änderungen und Neuerungen befand und dass - ja, dass sie selbst eigentlich auch noch genau das Gleiche taten wie vor zweitausend Jahren. Immer genau das Gleiche! Am Ende jedenfalls gingen Tod und Auferstehung Hand in Hand zum Chef.

Alles war einfacher geworden! Die veraltete Zwei-Tages-Regelung war aufgehoben worden und nun konnten Auferstehung, Tod und Tödchen ganz nach Belieben zu dritt, zu zweit oder alleine die Menschen besuchen, hatten viel mehr Zeit füreinander und insbesondere der düstere Sensenmann hatte meistens viel bessere Laune. Für die Menschen war das alles am Anfang tatsächlich noch etwas verwirrend. Bei der Mischung aus Wärme, Kälte, Licht, Dunkel, männlich, weiblich und kindlich wusste man überhaupt nicht mehr, was einen erwartete. Aber - hatte man das denn vorher überhaupt gewusst? Bald hatte man sich an die veränderte Situation gewöhnt und eine neue Sprachregelung gefunden: „Ich freue mich - da kommt das Tod!"

Zeitfracht Medien GmbH
Ferdinand-Jühlke-Straße 7
99095 Erfurt, Deutschland
produktsicherheit@kolibri360.de